La Merveilleuse TOUPIE

Huit contes pour HANOUCAH
Voyages dans une toupie volante

Texte de Ephraïm Sidon
Figurines modelées par Rony Oren

SCOPUS

COLLECTION
Les Merveilleuses FÊTES

Directeur de collection: Uri Shin'ar

ISBN 965-7108-89-6

Produced by: SCOPUS

Published and distributed by: LAMBDA PUBLISHERS Inc.
3709 13th Ave., Brooklyn, NY 11218, USA
Tel: (718)972-5449 | Fax: (718)972-6307 |
e-mail: animatedjewishyear@ejudaica.com
www.lambdapublishers.com | www.UrimPublications.com

Distributed in Israel by: URIM PUBLICATIONS
P.O.Box 52287, Jerusalem 91521 Israel
Tel: 02-679-7633 | Fax: 02-679-7634 | e-mail:
Animated@UrimPublications.com | www.UrimPublications.com

Available from:

LAMBDA PUBLISHERS Inc.
3709 13th Ave., Brooklyn, NY 11218, USA
Tel: (718)972-5449 | Fax: (718)972-6307 |
e-mail: animatedmenorah@ejudaica.com
www.lambdapublishers.com | www.UrimPublications.com

Maquette: Tamar Zélénietz

Photographie: Avi Ganor
Direction artistique: Rony Oren et Avi Ganor
Photographié dans les studios de: "FRAME by FRAME"
Conseiller pédagogique: Udi Lion
Adaptation française: Michèle Aben-Danan et Jeanne Vassal-Brunberg
Supervision de l'impression: Ehud Oren et David Melchior
Imprimé par: G.D.I.
Impression de la couverture: TAL PRESS

Producteurs de la collection: Uri Shin'ar et Jonathan Lubell
Réalisé en Israël par JERUSALEM PRODUCTIONS Ltd.,

Première bougie

Je m'appelle Daniel (Dany pour les amis !) ; j'ai neuf ans, ma soeur Joëlle a dix ans et demi ; j'ai aussi un Papa, une Maman et si vous ajoutez mon Grand-Père et ma Grand-Mère, vous connaissez presque toute ma famille.

Ce soir, devinez ce qui va se passer ? HANOUCAH !!
Et s'il y a une fête que j'attends, mais alors vraiment avec impatience, c'est bien Hánoucah ! Parce que Hanoucah, c'est une super-fête : avec des lumières, des bougies, des beignets, des cadeaux, sans compter la toupie et toutes les belles histoires qu'on nous raconte, avec plein de miracles et des batailles formidables. Bref, si on me demandait : "Dany, quelle fête emporterais-tu sur une île déserte ?", je répondrais sans hésiter "Hanoucah ... et un peu de Pourim ...et Pessah.... et Souccoth ...et c'est tout".

Chouette ! c'est enfin le premier soir de Hanoucah. J'ai une toupie dans une main (un cadeau de Grand-Père) et un beignet dans l'autre (merci, Maman !). Et c'est le moment d'allumer la première bougie. Joëlle et moi nous jouons à pile ou face, j'ai gagné : c'est donc à moi d'allumer.

Grand-Père va maintenant nous raconter une histoire.
"Il était une fois" (quand ça commence comme ça, je sais d'avance que ça va être passionnant) "Il était une fois un méchant roi du nom d'Antiochus Epiphane qui régnait sur de nombreux pays, dont Israël.

Et comme il était grec, il exigeait que tous les habitants des pays sur lesquels il régnait adorent les dieux grecs. Et qui refusait d'obéir ? Les Juifs, naturellement. Le roi, furieux, décida d'interdire la religion juive, et l'étude de la Thorah, le respect du Shabbat, toutes les fêtes et le culte du Temple. Et tous les Juifs soupçonnés de rester Juifs en cachette étaient torturés à mort.

Un jour, les soldats du roi arrêtèrent une veuve nommée Hannah. Hannah avait sept fils. Les soldats conduisirent la mère et ses enfants devant Antiochus qui leur ordonna de se prosterner devant une idole grecque. L'un après l'autre, tous les fils refusèrent d'obéir et furent exécutés. Même le dernier, qui n'était qu'un tout jeune enfant.

Hannah monta alors sur le toit de sa maison et se jeta dans le vide. Elle mourut en pleurant la mort de ses fils, mais fière qu'ils n'aient trahi ni leur peuple ni leur Thorah."

"Comme c'est triste, a soupiré ma soeur Joëlle, mais quel courage !
— Et ils étaient combien ?
— Sept, a dit Grand-Père.
— Huit, a corrigé Papa, il est huit heures et il faut vous coucher."

Alors Joëlle et moi, nous sommes allés dans notre chambre et nous avons tout fait comme il faut : nous nous sommes déshabillés, lavés, brossé les dents, nous avons éteint les lumières, puis nous nous sommes mis au lit et nous avons regardé la Hanoukiah posée sur le bord de la fenêtre et la première bougie et le Shamash, dont les flammes brillaient.

"Regarde la bougie, me dit Joëlle, avec la cire qui coule, on dirait un nez et une bouche.
— C'est vrai, il y a même comme un menton, et de là où je suis, on dirait une tête.
— Oui, une sale tête !
— Une sale tête d'Antiochus ! (J'étais vraiment furieux contre cet horrible roi et je serais bien allé lui casser la figure !) Ce n'est pas juste que tous les miracles soient arrivés en ce temps-là et qu'il n'en reste plus pour aujourd'hui !
— Qui te dit qu'il ne reste plus de miracles ?" dit Joëlle.

Et, tout à coup, j'ai eu une idée. Je suis monté sur mon lit, j'ai fermé les yeux et j'ai crié très fort : "Qu'un **grand miracle** soit !!" J'ai dit ça en faisant tourner la toupie. J'avais à peine fini ma phrase que la toupie de Grand-Père s'est mise à grandir, grandir, grandir ...comme ça !! ... Parole, demandez à Joëlle ! Et nous nous sommes assis sur nos lits, tous les deux, époustouflés, et la toupie a continué à grandir tout en tournant, et elle est devenue aussi grande qu'un vaisseau spatial, disons, de taille moyenne.

Vroom ! Bip ! Bip !...Trac... Vroom ! Vroom ! Voilà qu'il commence à en sortir des étincelles, et des éclairs, et toutes sortes de bruits d'ordinateur. Et soudain, au centre de la toupie, à la place de la lettre "M" de "MIRACLE", une porte s'est ouverte et un escalier a surgi. Nous étions stupéfaits.

Quand j'ai retrouvé mes esprits, j'ai saisi la main de Joëlle pour qu'elle n'ait pas peur et tous les deux, sur la pointe des pieds, nous nous sommes avancés prudemment vers la toupie volante que j'ai appelée plus tard "Toupiastrale-VIII". C'est moi qui suis entré le premier.

La toupie était remplie d'instruments, de cadrans, de voyants lumineux qui clignotaient avec des bruits bizarres. Il y avait là le plus gros ordinateur que j'aie jamais vu. Au-dessus, un écran vert avec un message : "Veuillez insérer la carte magnétique de mise en marche."

"Une carte magnétique ? Où est-ce qu'on va trouver ça ?"

Joëlle est restée calme : elle a sorti de la poche de son pyjama un beignet qu'elle avait gardé au

cas où elle aurait faim au milieu de la nuit. Elle a glissé le beignet dans l'ordinateur qui l'a englouti aussitôt — et j'ai décidé que le beignet serait dorénavant un "beignétique".

Soudain, la porte s'est refermée et la toupie s'est soulevée sans bruit. Et nous nous sommes envolés à une vitesse vertigineuse, par la fenêtre ouverte de notre chambre.

Nous volions de plus en plus haut et de plus en plus vite dans le ciel noir plein d'étoiles.

"Où va-t-on comme ça ? demande Joëlle.
— Ne t'inquiète pas !" (mais en moi-même, je tremble un peu).
C'est vrai, où allons-nous ?

Après quelques minutes de vol supersonique, des lumières apparaissent. Toupiastrale-VIII se met à descendre tout doucement et se pose sans bruit dans la salle immense d'un palais.

Heureusement, nous avons atterri derrière un gros pilier et personne ne peut nous apercevoir. Au milieu de la salle : un trône imposant sur lequel est assis un roi avec une couronne, et, tout autour, plein de soldats armés !

"Regarde, souffle Joëlle, regarde la tête du roi ! Incroyable ! C'est la tête que nous avons vue sur notre bougie !
— Oui, c'est lui, c'est Antiochus ! Nous avons atterri dans le palais de ce monstre !"

La porte de la salle s'ouvre alors sur des soldats qui poussent brutalement devant eux une dizaine d'enfants de notre âge, tremblants de peur. "Votre Majesté, dit l'officier, nous avons surpris ces enfants, en train d'étudier la Thorah, dans le village de Modyin."
— La Thorah ? s'écrie Antiochus — et, furieux, il tape du pied de toutes ses forces. La Thorah ! Sales petits Hébreux insolents, je vais vous apprendre, moi, à étudier la Thorah ! Vous méritez la mort, mais je veux bien vous faire grâce ...à une condition : prosternez-vous devant cette statue ! Ou sinon...!! (Menaçant, il passe son doigt sur sa gorge) Vous avez cinq minutes pour réfléchir !" Il se lève d'un air mauvais et sort de la salle, suivi de ses soldats.

Les enfants sont terrorisés. Que va-t-il arriver ? Il faut faire quelque chose ! Joëlle sort de derrière le pilier, je la suis et nous faisons signe aux enfants de nous rejoindre. Vous auriez dû voir leur panique en nous apercevant, avec nos habits étranges et notre toupie volante ! Vite ! Vite ! Ce n'est pas le moment de faire des présentations ! Nous les entraînons vers la toupie. Il faut dire qu'à l'intérieur on est plutôt à l'étroit, mais tant pis...

Je me mets aux commandes, Toupiastrale décolle et je la fait tournoyer à quelques mètres du sol tout autour de l'immense salle. Le roi et ses hommes reviennent en courant : ils nous lancent des flèches et des javelots. Non mais, vraiment, pour qui se prennent-ils ? Que peut faire une flèche contre un vaisseau spatial ?

La toupie monte et descend, frôlant la tête des soldats grecs.
Complètement affolés, ils se jettent à terre. Je tourne surtout au-dessus d'Antiochus qui essaye de s'échapper. Chaque fois qu'il se relève, je fonce sur lui, et il retombe sur le sol en hurlant.

A la fin, Toupiastrale-VIII quitte le palais et s'élève très haut dans le ciel noir. "Destination ?" interroge l'ordinateur. J'ai failli répondre : "A la maison", mais je me rappelle à temps les enfants qui nous accompagnent. "Au village des enfants". Toupiastrale fait demi-tour et cinq minutes plus tard, nous survolons un petit village de Judée...il grouille de soldats grecs ! Les enfants nous guident jusqu'à l'entrée d'une grotte, près du village. Ils y pénètrent en courant. Joëlle les suit pour inspecter la grotte : pas mal comme cachette ! Nous pouvons maintenant les quitter sans crainte. Juste avant notre départ, deux des enfants nous offrent en cadeau des sandales en cuir, style biblique.

En rentrant, nous avons vraiment eu de la chance : la fenêtre de notre chambre était restée ouverte. Nous avons caché les sandales dans un coffre sous mon lit et nous nous sommes couchés. Alors, Toupiastrale s'est mise à rétrécir, rétrécir, jusqu'à redevenir une toupie comme les autres. Nous nous sommes endormis — ou plutôt, Joëlle s'est endormie ; moi, je me suis levé et je suis allé regarder la toupie de Grand-Père. Je vous assure que si je ne l'avais pas pilotée moi-même... jamais je ne l'aurais cru !!

Deuxième bougie

Je m'appelle Dany...mais ça vous le savez déjà ! Joëlle et moi, nous avons eu du mal à attendre le deuxième soir de Hanoucah...et enfin il est arrivé !

Nous avons allumé les bougies. Nous avons chanté et joué avec notre toupie (qui s'est comportée comme si elle n'avait jamais été Toupiastrale) ; nous avons mangé des beignets et nous avons attendu l'histoire que Grand-Mère, cette fois, allait nous raconter.

"Exaspérés par les décrets d'Antiochus, les Juifs finirent par se soulever contre ce tyran, sous l'étendard du vieux Mattathias, un Asmonéen qui vivait en Judée dans le village de Modyin.

— Oh ! s'est écriée Joëlle. Mais c'est le village des enfants !
— Quels enfants ? a demandé Maman.
— Les enfants de Mattathias, les Maccabées, a expliqué Joëlle comme si c'était évident.
— Voyons, ce n'étaient plus tout-à-fait des enfants, a repris Grand-Mère, c'étaient des jeunes gens, les Maccabées : Yohanan, Simon, Juda, Eléazar et Jonathan. Cachés dans des grottes, Mattathias et ses fils organisèrent l'armée d'Israël pour combattre les Grecs. Et les Juifs qui avaient choisi la liberté se rangèrent à leurs côtés, sous le commandement de Juda."

"Combien de Juifs ? a demandé Joëlle.
— Des milliers, a répondu Grand-Mère.
— Huit, a rétorqué Papa, huit heures, et il est temps d'aller vous coucher."

Nous n'avons pas discuté. Vite, au lit ! Sur le bord de notre fenêtre trônait la Hanoukiah avec ses deux bougies et son Shamash allumés. Les gouttes de cire coulaient et peu à peu, la deuxième bougie a pris l'apparence d'un vieillard sympathique, avec une longue barbe et un visage plein de bonté.
"Mattathias ! s'est écriée Joëlle.
— On ferait bien d'aller rendre visite à nos amis, dans la grotte."

Elle a ouvert la fenêtre et prononcé à haute voix la formule magique : "Qu'un **grand miracle** soit !" Et la petite toupie a commencé à grandir, à grandir de nouveau ; elle s'est

métamorphosée en Toupiastrale-VIII, et nous en toupinautes. Un beignétique... et nous voilà, voguant à nouveau dans l'espace.

Toupiastrale se pose tout près du village de Modyin, là où la veille nous avons laissé les enfants. Il faut voir avec quelle joie et quelle surprise ils nous accueillent dans leur grotte.

Mais soudain, alors que nous bavardons, un groupe de soldats grecs s'avance, menaçant, vers notre cachette. Nous nous collons contre la paroi, tout au fond de la grotte.

“Dehors, Juifs maudits ! Les bras en l'air !” crie un soldat. Silence de mort. “De gré ou de force, vous sortirez !” menace un autre. Et ils commencent à entasser des branches à l'entrée de la grotte. Puis ils y mettent le feu et une épaisse fumée nous envahit. Nous étouffons et nous nous mettons à tousser, moi surtout, parce que je suis un peu allergique. Joëlle est sur le point de s'évanouir. Moi aussi. L'espace d'un instant, je pense qu'il vaudrait peut-être mieux se rendre — mais seulement l'espace d'un instant.

C'est alors qu'au fond de la grotte, un rocher se met à bouger, révélant un passage secret ! Une silhouette apparaît, tenant une petite bougie. Cette silhouette, cette barbe : le vieillard de notre bougie ! “Venez !” chuchote-t-il. Les enfants se dépêchent de le suivre. Je quitte la grotte le dernier et, poussant le rocher de toutes mes forces, je referme derrière moi l'entrée du passage secret. Ouff ! Il était temps : les soldats sont entrés dans la grotte... Mais ils peuvent toujours nous chercher !!

Le passage est sombre et étroit. Il faut marcher à quatre pattes et même parfois ramper ... cela dure plus d'un quart d'heure ! Le tunnel débouche enfin au milieu du village de Modyin. (Ah ! que ça fait du bien de respirer !).

Mais là, sur la place du village, quel étrange spectacle : il y a une estrade avec, dessus, une statue de dieu grec, une chèvre et un Juif qui brandit un couteau.
“Regardez !” s'écrie l'un des soldats qui cernent l'estrade. “Cet homme de votre peuple va offrir un sacrifice à notre dieu. Que ce Juif vous serve d'exemple à tous.”Il souffle dans une drôle de trompette et le Juif brandit plus haut son couteau, prêt à égorger la chèvre.

“Traitre !” crie le vieux Mattathias et, bondissant sur l'estrade, il arrache le couteau des mains du Juif et le lui enfonce dans le cœur. L'homme tombe mort, devant la statue.

Je n'en crois pas mes yeux. Les soldats grecs qui entourent l'estrade sont pétrifiés de stupeur.

“A moi ! Mes fils !” crie Mattathias et cinq jeunes gens bondissent sur les soldats, les désarment et les font prisonniers. “Cette fois-ci, c'est vous qui avez gagné, lance l'officier grec, mais vous n'y échapperez pas. Demain, les nôtres viendront nous venger et vous serez exterminés.”

“Qui est pour l'Eternel, à moi !” s'écrie Mattathias. Tous les villageois se portent à ses côtés.

“En avant ! ordonne Mattathias, quittons le village, allons dans la montagne, et de là, nous lutterons contre les Grecs”. Il se met en marche ; tous le suivent. Joëlle et moi, nous l’aurions bien accompagné, mais comment faire ? Il faut rentrer avant que Maman ne vienne nous réveiller.

Nous sommes maintenant seuls au milieu du village, sans notre toupie volante qui est restée près de la grotte. “Comment allons-nous rentrer ?” J’essaye de ne pas avoir l’air trop inquiet. “Laisse-moi faire.” dit Joëlle, et elle crie très fort : “Qu’un **grand miracle** soit !” ... et ça marche : la toupie apparaît soudain près de nous. Avant d’embarquer, je ramasse sur le sol deux casques de soldats grecs.

Et Toupiastrale décolle. Quelques minutes de vol silencieux et nous voilà au-dessus de notre maison.

Joëlle avait bien entendu laissé la fenêtre ouverte. (Elle prend toujours soin de ces choses-là.)

Du fond de mon lit, les yeux à moitié fermés, j'ai encore eu le temps de voir la toupie rétrécir et redevenir toute petite, telle qu'elle était lorsque Grand-Père nous l'avait offerte.

Le matin, nous avons été réveillés par Maman qui nous a demandé, un peu énervée, qui de nous deux avait ouvert la fenêtre pendant la nuit.
"Elle n'était peut-être pas fermée ? ai-je proposé prudemment.
— Non, non, a dit Maman, je suis sûre de l'avoir fermée hier soir !
— C'est moi qui l'ai ouverte, à cause de la fumée des bougies", a affirmé Joëlle.
Je crois vous avoir déjà dit qu'elle est vraiment bien, Joëlle.

TROISIÈME BOUGIE

Si nous avons attendu la deuxième bougie avec impatience, alors que dire de la troisième : nous étions super, super-impatients ! Et nous n'avons pas été déçus. Après avoir allumé la Hanoukiah, nous avons mangé, joué, chanté, nous nous sommes bien amusés... et le moment de l'histoire est arrivé.

Cette fois, c'est Maman qui nous a raconté l'histoire de Juda Maccabée et de ses frères. Et quelle histoire ! Pleine de batailles dramatiques et de victoires étonnantes. Et Maman nous a décrit l'héroïsme de cette poignée de Juifs, armés seulement de leur courage et de leur astuce, affrontant les puissantes légions d'Antiochus. A la fin, Juda et son armée l'emportèrent sur cinq généraux célèbres et ils reconquirent Jérusalem.

Je n'en croyais pas mes oreilles.
"Cinq généraux ?
— Cinq, a confirmé Maman.
— Huit, a corrigé Papa, huit heures, allez ! vite... au lit !..."

Nous avons foncé vers notre chambre, dévorés de curiosité. Que va-t-il se passer ce soir ? La Hanoukiah nous attendait sur le bord de la fenêtre. Et la troisième bougie, qui coulait lentement, a fini par prendre une forme étrange.

"Ce n'est pas une personne, a dit Joëlle. Ça ressemble plutôt à un animal.
— ...Un éléphant — Et vraiment, on aurait dit un éléphant.
— Qu'est-ce que ça a à voir avec Hanoucah ? s'est étonnée Joëlle. Est-ce que les Grecs avaient ordonné aux Juifs de manger des côtelettes d'éléphant ?
— C'est peut-être la statue d'un dieu grec : le dieu-éléphant. (J'essayais de trouver une explication).
— Nous allons tout de suite le savoir" a dit Joëlle, et nous avons crié en chœur : "Qu'un **grand miracle** soit !"

Et hop !! voilà que notre toupie recommence à grandir, et avant même que j'aie eu le temps de dire : "Un éléphant, ça trompe, ça trompe...", nous sommes prêts à décoller. Mise en marche par beignétique. ... Destination ? Aucune idée !

Toupiastrale-VIII survole une chaîne de petites collines et se pose silencieusement au sommet de l'une d'elles. Au-dessous de nous : un champ de bataille. D'un côté, le camp minuscule de Juda Maccabée et, de l'autre, l'armée grecque au grand complet. Et l'éléphant, dans tout ça ?

...Là ! Là ! En première ligne de l'armée grecque, un éléphant énorme, portant sur son dos une dizaine d'officiers grecs, et suivi de milliers de soldats.

J'ai déjà vu des éléphants au zoo. Ce sont des bêtes charmantes quand elles s'aspergent d'eau ou quand elles engloutissent de grosses bottes de foin. Mais cet éléphant-là, qui fonce comme un fou sur les combattants juifs, c'est pire qu'un tank. Et allez donc arrêter un tank à mains nues !

La situation est vraiment désespérée — Joëlle et moi, nous ne savons que faire. Je propose de voler à basse altitude au-dessus de l'éléphant et de sauter sur son dos, mais Jöelle n'est pas d'accord.

Soudain, un jeune homme barbu sort des rangs juifs, il court vers l'éléphant, et se dresse devant lui, tout seul. L'éléphant l'aperçoit. "Sauve-toi, Eléazar, sauve-toi !" lui crient les guerriers juifs. Mais Eléazar s'obstine à avancer et, soudain, il transperce de sa lance le ventre de l'animal. L'éléphant s'écroule, écrasant sous lui Eléazar et les officiers grecs.

Nous sommes tous figés d'horreur, et aussi d'admiration pour le courage d'Eléazar. Juda est le premier à reprendre ses esprits. Il brandit son javelot et donne le signal de l'attaque.

Privés de leur éléphant géant et de leurs officiers, les Grecs tombent comme des mouches et fuient dans tous les sens. C'est la victoire. Des milliers de soldats grecs sont faits prisonniers, mais leur général en chef et plusieurs officiers réussissent à s'échapper.

Juda, craignant qu'ils ne reviennent à la tête d'une armée encore plus puissante, décide de les poursuivre.

Mais autant chercher une aiguille dans une botte de foin !

Je ne voudrais pas me vanter, mais vraiment, c'est une chance qu'on se soit trouvé là ! A bord de notre Toupiastrale, nous pouvons survoler à basse altitude les vallées, les grottes, les moindres recoins, et nous ne tardons pas à repérer le général grec et ses officiers, cachés derrière un énorme rocher. Je veux descendre droit sur eux et les faire prisonniers. Mais Joëlle me retient.

"Ils sont plus de cent et ils sont armés, et nous, nous ne sommes que deux, dit-elle.
— Mais à moi seul, j'en vaux bien une centaine !
— Oui, répond-elle en souriant, mais ça ne vaut pas la peine d'essayer.
— Bon, d'accord ! Alors, retournons au camp !"

Je me présente devant Juda, dans un garde-à-vous impeccable : "Mon Commandant, nous avons retrouvé les fuyards".

Installés aux commandes de Toupiastrale-VIII, nous guidons jusqu'au rocher Juda et ses hommes qui nous suivent à pied. Les Grecs n'essayent même pas de résister.
"Merci, nous dit Juda.
— Il n'y a pas de quoi, répond Joëlle, nous n'avons fait que notre devoir". Et à moi, elle me souffle : "Il est tard, il faut rentrer".
Avant de nous laisser repartir, Juda a tenu à nous offrir, pour nous remercier, son arc et son javelot.

Et si, chaque fois, nous sommes rentrés fatigués mais contents, cette fois-ci, nous sommes rentrés fatigués, mais contents-et-tristes à la fois.
Contents à cause de la victoire.
Tristes à cause d'Eléazar.
Et fatigués ...à cause de la fatigue.

"Si je comprends bien, on a gagné. (En disant "on", je pensais à Juda et ses frères, pas à nous deux).
— Ce combat, oui, mais il y a eu aussi des défaites et même une bataille où Juda a été tué.
— Et après avoir délivré Jérusalem, que s'est-il passé là-bas pour qu'on fête Hanoucah pendant huit jours ? Pourquoi huit et pas six par exemple ?
— Attends demain, peut-être que Toupiastrale nous conduira à Jérusalem."

Mais je n'avais pas la patience d'attendre jusqu'au lendemain. Quand Joëlle s'est endormie, je me suis levé et j'ai crié bien fort "Qu'un **grand miracle** soit !" à trois reprises, mais rien ne s'est produit. Apparemment, Toupiastrale-VIII n'est programmée que pour un seul vol par nuit.

Je n'ai pas renoncé pour autant. Il fallait que je sache ce qui était arrivé à Jérusalem. Je me suis levé, je suis allé tout doucement dans le salon, j'ai sorti de la bibliothèque le livre d'où Grand-Père tire toutes ses histoires, et j'ai lu par moi-même.

"Lorsque les Grecs pénétrèrent dans le Temple, ils rendirent impures les huiles consacrées au Culte. Après leur victoire, lorsque les Juifs revinrent dans le Temple, ils ne trouvèrent qu'une seule fiole intacte, à peine suffisante pour entretenir la lumière du Candélabre un seul jour. C'est alors que se produisit un miracle : cette huile dura huit jours entiers. C'est ce miracle que commémore la fête de Hanoucah."

Je n'ai pas très bien compris ce qui était écrit. Alors j'ai recopié ces lignes et le matin je les ai montrées à Joëlle.

"Tu comprends ?
— Ben, évidemment ! dit-elle. Les Grecs ont sali toute l'huile du Temple et, pour allumer la Menorah, il ne restait plus qu'une petite bouteille qui suffisait à peine pour un jour. C'est alors qu'il y a eu un miracle : l'huile a duré huit jours. Compris, Dany ?
— Bien sûr, j'avais compris : je voulais juste voir si toi aussi tu avais compris !"

QUATRIÈME BOUGIE

C'est moi, Dany... mais vous me connaissez déjà !

Aujourd'hui, on a allumé quatre bougies et on a mangé, chanté, joué et écouté des histoires. Chic ! C'est à nouveau le tour de Grand-Père.

Il nous a parlé des Marranes.
Comment ? Vous ne savez pas qui sont les Marranes ?
"Pourquoi fais-tu le savant ? a dit Joëlle. Comme si toi, tu le savais !" C'est vrai, je ne savais pas. Mais maintenant, je sais.

Il y a 400 ans, les Juifs qui vivaient en Espagne n'avaient pas le droit d'être Juifs et ils étaient obligés de se convertir au christianisme. Mais ils ne se convertissaient qu'en apparence ; chez eux, en cachette, à l'abri de tous les regards, ils continuaient à pratiquer leur religion, comme avant. On les appelait les Marranes.

L'Eglise créa une sorte de police spéciale, l'"Inquisition" chargée de pourchasser et d'arrêter tous les Marranes et, s'il était prouvé qu'ils étaient restés fidèles au judaïsme, ils étaient brûlés vifs, sur le champ.

Malgré ce terrible danger, les Juifs d'Espagne continuaient en secret à célébrer leurs fêtes, surtout Pessah et Hanoucah, les fêtes de la liberté et de la foi.

Et ils étaient nombreux, très nombreux ...
"Huit, a dit Papa,
— Des milliers, a protesté Grand-Père.
— Huit" a répété Papa. Nous avions compris !

Ce soir-là, il y avait quatre bougies allumées sur le bord de la fenêtre. Je me suis couché plutôt déprimé. Tous les récits de Hanoucah étaient terminés, et je n'étais pas sûr que notre toupie volante fonctionne en dehors des histoires de ce temps-là.

"Regarde !" a dit Joëlle.
La quatrième bougie prenait lentement la forme étrange d'un moine, avec une longue robe et

un capuchon pointu.

A tout hasard, nous avons essayé de nouveau la formule “Et qu'un **grand miracle** soit !” ... et ça a marché ! La toupie de Grand-Père ne nous a pas laissé tomber ! C'est que, Hanoucah, c'est sûrement valable pour toutes les époques !

Toupinautes, à vos postes ! Embarquement immédiat !
Ce soir, Toupiastrale vole plus vite que d'habitude. C'est la première fois que nous prenons cette direction.

Quelques minutes plus tard, nous atterrissons dans une ville obscure.
“C'est bizarre, on dirait une ville du Moyen-Age !
— C'est Madrid, dit Joëlle, Madrid au Moyen-Age”.

Devant nous, patrouille un groupe de moines accompagnés de soldats. Nous décidons de les suivre : ils ont un air sinistre. — Toupiastrale avait sans doute une bonne raison de nous conduire ici. Il va sûrement se passer quelque chose de grave !

Soudain, le groupe s'immobilise. “Là-bas !” s'exclame un moine, pointant le doigt vers une petite lumière qui scintille au loin. “Aujourd'hui, c'est la fête juive de Hanoucah. Dans cette maison habitent des Juifs, prenons-les sur le fait !” “Vous voulez dire sur le feu !” plaisante un autre moine. Et ils se mettent tous à ricaner.

Nous sommes terrifiés. Il faut à tout prix sauver les Marranes, mais comment ?
“J'ai une idée, dis-je à Joëlle. Toi, tu avertiras les Marranes et moi, pendant ce temps, je ferai diversion.”

Joëlle descend de Toupiastrale, se glisse vers la maison et frappe à la porte. La lumière s'éteint aussitôt. La porte s'ouvre et Joëlle, après avoir parlementé un instant, s'engouffre à l'intérieur.

Moi, je fais prendre à Toupiastrale la direction opposée. Je cache ma toupie volante derrière un arbre, tous feux éteints et j'allume une bougie. Les Inquisiteurs voient à présent une nouvelle lumière, celle de ma bougie. Ils changent de direction. Ils se mettent à courir vers moi. Je les laisse avancer — j'éteins alors ma bougie et je m'envole plus loin. Et de nouveau, je rallume la bougie, et quand ils arrivent près de moi, hop ! je recommence le manège...

Je crois bien que je les ai rendus complètement fous. Ils courent, courent, et la lumière disparaît, et réapparaît à un autre endroit. A la fin, découragés, ils abandonnent la partie et ils rentrent bredouilles.

A bord de Toupiastrale, je regagne la maison des Marranes.
“Vous pouvez rallumer la Hanoukiah”, dis-je tout essoufflé.
Il y a là le père, la mère et deux enfants de notre âge. Ils nous serrent dans leurs bras. Tous

ensemble, nous rallumons les bougies et nous chantons. Joëlle a, comme d'habitude, un beignet dans sa poche. J'ai cru que nous aurions encore droit à un miracle, du genre multiplication des beignets, mais nous avons dû nous contenter, chacun, d'une bouchée, une toute petite bouchée, mais quel délice de bouchée !

Nous serions bien restés avec eux toute la nuit — Mais c'était vraiment impossible.

Alors, nous sommes rentrés. Mais auparavant, nos amis Marranes nous ont offert, à moi, une fine chaîne d'or, et à Jöelle, un bracelet magnifique. Et je vous assure que nous n'avions rien demandé.

Et encore un détail : quand nous sommes revenus dans notre chambre, Joëlle s'est mise à fredonner une chanson que les Marranes nous avaient chantée. Tout à coup, Maman est entrée dans notre chambre.
"J'ai bien entendu chanter ? a-t-elle demandé.
— Oui, a dit Joëlle, je crois que j'ai chanté dans mon sommeil."
Ça alors ! D'où lui viennent toutes ces réponses ?

Cinquième bougie

Vous vous attendez à ce que je vous raconte qu'on a chanté, mangé, joué et allumé les bougies ? Eh bien, c'est exactement ce qu'on a fait. Et Papa nous a expliqué que partout et de tout temps, les lumières de Hanoucah ont servi de symbole : "Elles ont symbolisé la victoire des faibles contre les forts, des opprimés contre leurs oppresseurs". Je l'ai regardé d'un air soupçonneux. Et j'ai pensé : "Quel rapport entre les lumières de Hanoucah et disons, par exemple...la France ou l'Amérique ?" Je n'ai pas pu retenir ma question.

"Justement, l'Amérique ! a répliqué Papa. Tu sais qu'il y a 200 ans environ l'Amérique était une colonie dominée par les Anglais. Et les Américains ont fini par se révolter, aidés d'ailleurs par le général français La Fayette (La Fayette, celui-là au moins, son nom me dit quelque chose !)... eh bien, cette guerre..." Papa s'est interrompu pour regarder sa montre. "Trop tard ! je vous raconterai cela une autre fois !"

Dans notre chambre, la Hanoukiah nous attendait avec ses cinq bougies. Et la cinquième bougie a pris soudain la forme étrange d'un homme en uniforme.

Alors, je me suis levé et j'ai crié haut et clair : "Qu'un **grand miracle** soit !", par trois fois. Et notre toupie volante s'est mise en route. Direction ? Aucune idée ! Nous volons haut et loin, pour atterrir enfin dans une vallée très sombre. Sur l'écran de l'ordinateur, un message scintille : "Valley Forge, 1777".

J'interroge l'ordinateur : "Complément d'informations demandé." Quelques instants de suspens... et la réponse s'affiche sur l'écran vert: "Valley Forge, Etats-Unis d'Amérique. Lieu d'une célèbre bataille (1777) entre l'armée anglaise et les insurgés américains, commandés par George Washington (1732-1799) — ler président des Etats-Unis."

Ça alors ! Nous avons atterri en plein 18ème siècle, au beau milieu des Etats-Unis !

C'est la nuit. Il fait terriblement froid (A notre retour, Maman n'aura plus qu'à nous ranger dans le compartiment des surgelés !). Des soldats veillent en silence près de leurs armes. Leur visage reflète un désespoir total.

Mais, qu'est-ce que cette toute petite lumière, là-bas, à l'autre bout du camp ? Joëlle et moi, nous nous approchons sans bruit — Et là ? Je vous le donne en mille ! Un soldat, assis devant une Hanoukiah où brillent cinq bougies et un Shamash. Incroyable ! Dans le noir total — et c'est un noir plus noir que le noir, comme si on avait déversé sur cette nuit-là toutes les boîtes de peinture noire du monde entier — tranquille, la petite Hanoukiah illuminée !

Le soldat se retourne. "Que faites-vous ici, les enfants ? demande-t-il.
— Et qu'est-ce qu'une Hanoukiah fait ici ? dis-je à mon tour.
— La Hanoukiah ? — Le soldat sourit — C'est un cadeau de mon père. Je l'ai emportée partout où je suis allé...jusqu'à ce champ de bataille."

Mais nous ne sommes plus seuls : un homme s'est joint à nous, puis un autre, et un autre encore, et peu à peu des dizaines de soldats se regroupent autour de nous. Un sourire se dessine sur leurs lèvres, car les lumières de la Hanoukiah leur réchauffent le cœur. Puis, un chant s'élève. Les yeux des soldats, jusqu'alors pleins de tristesse, se mettent à briller. Un officier s'approche. Il sourit lui aussi.

"Qu'est-ce que vous avez là, soldat ?". Je m'aperçois que l'officier ressemble comme deux gouttes de cire au personnage de la cinquième bougie, à la maison.
"George Washington, chuchotent les soldats, notre Commandant !"

"C'est une lampe de Hanoucah", répond le Juif. Et il explique au Commandant pourquoi on allume une Hanoukiah. Et il raconte les victoires de Juda Maccabée. Et nous aussi, Joëlle et moi, nous ajoutons quelques détails : Mattathias et ses fils, Eléazar et l'éléphant...

"Je vous remercie, dit George Washington, vous m'avez fait reprendre courage. Oui, les Anglais sont beaucoup plus nombreux et plus forts que nous, et nous sommes dans une situation difficile — mais votre histoire me prouve que nous devons garder espoir, car nous pouvons encore vaincre."

"Quant à vous, les enfants, ajoute-t-il, ne restez pas ici. C'est dangereux !" Même si nous l'avions voulu, nous n'aurions pas pu rester. Nous réintégrons Toupiastrale et nous décollons.

"Destination ?" demande l'ordinateur, comme d'habitude. Je suis sur le point de répondre : "A la maison", mais Joëlle me devance : "En 1778, dans la maison du soldat juif !"
Je ne comprends pas :
"Pourquoi donc veux-tu aller chez lui un an après la bataille ? — Pour savoir si les Américains ont gagné."

Nous nous posons à côté d'une petite maison. Sur la fenêtre scintille la petite Hanoukiah que nous avons vue à Valley Forge, il y a un an...ou plutôt, il y a trois minutes !

Lorsque nous entrons, le soldat Juif nous reconnaît tout de suite et nous serre dans ses bras, tout ému.
"Je suis heureux que vous soyez venus", dit-il. Et tout à coup — je vous promets que c'est

vrai, demandez à Joëlle ou au soldat Juif — la porte s'ouvre et George Washington apparaît, en personne ! George Washington, le premier Président des Etats-Unis !

Le Président s'approche et pose la main sur l'épaule du Juif. "Ces bougies, qui brillent sur le bord de la fenêtre, ont allumé une lumière dans mon coeur cette nuit-là, il y a un an, à Valley Forge et m'ont redonné courage." Et il épingle une médaille d'or sur la poitrine du soldat Juif, puis il l'embrasse sur les deux joues. Je m'approche discrètement et je jette un coup d'oeil sur la médaille. Il y a dessus le dessin d'une Hanoukiah avec une bougie, et dessous, une inscription : "Pour la lumière de vos bougies, merci. George Washington."

Je voudrais dire : "Et nous alors ? Nous aussi, nous avons pris part au récit de Hanoucah !" Mais je me retiens : ce n'est pas joli de demander des cadeaux à des étrangers. Comme s'il avait lu dans mes pensées, George Washington se baisse, nous embrasse et épingle sur notre poitrine deux médailles d'or sur lesquelles sont gravés les mots "Aux enfants courageux".

Bien sûr, la fenêtre était ouverte à notre retour. Pour cela, on peut toujours compter sur Joëlle.
Nous avons soigneusement rangé nos médailles sous le lit, dans le coffre où nous gardons les autres souvenirs de nos expéditions. (Pour les montrer, au cas où quelqu'un viendrait à douter de notre histoire).

Sixième bougie

Aujourd'hui, nous avons eu la visite du frère de Papa, Oncle David (il est officier dans la Marine), et de sa femme, Tante Myriam. Nous avons été rudement contents de les voir, car nous les adorons et ils nous apportent toujours de super-cadeaux pour Hanoucah !

C'est Oncle David qui a eu l'honneur d'allumer les bougies. Puis il nous a raconté qu'il avait été le capitaine d'un bateau sur lequel de nombreux Juifs du Maroc ont immigré en Israël, il y a trente ans.

"On jetait l'ancre dans un petit port de la côte marocaine ; et les Juifs, prévenus quelques semaines auparavant par nos envoyés, nous attendaient pour partir avec nous." Oncle David nous a montré aussi les photos d'un bateau sur le pont duquel il se tenait, lui en personne, avec une casquette de marin sur la tête.

"Et combien d'immigrants as-tu emmenés comme ça en Israël ?
— Huit, a dit Papa.
— Qu'est-ce que tu racontes ? a protesté Tante Myriam. Il en a ramené des centaines, des milliers.
— Huit, a répété Papa d'un air entendu, et il faut aller vous coucher."

La Hanoukiah nous attendait, comme tous les soirs, sur le bord de la fenêtre. Six bougies étaient allumées. Et la sixième a pris soudain la forme étrange d'un bateau.

"Qu'un **grand miracle** soit !" Toupiastrale-VIII n'attendait qu'un beignétique pour s'envoler. Vroom !! elle décolle, avec ses deux toupinautes à bord.

Je parie qu'elle va se poser sur le pont d'un bateau ! Devinez qui se tient dans la cabine du capitaine ? Bon, je sais que vous avez trouvé, mais il faut reconnaître que ça a été une drôle de surprise de rencontrer Oncle David, dans un uniforme tout blanc. Surtout, jeune comme ça et avec plein de cheveux sur la tête, et le ventre plat !
"Tu es vraiment comme sur la photo de l'album !" dit Joëlle.

Mais Oncle David n'a pas de temps pour les souvenirs de famille. Il préside une réunion urgente dans une atmosphère tendue : le port où nous devions accoster a été découvert par

les autorités marocaines. La police est sur place, prête à intercepter le bateau. Que faire ?

"Et si on choisissait un autre endroit ? suggère l'un des officiers. Non loin d'ici, il y a un petit port de pêche. La police ne nous attend pas là-bas. Peut-être pouvons-nous y jeter l'ancre et embarquer les Juifs de ce village ?"
— Objection ! réplique Oncle David d'une voix de capitaine. Les Juifs de ce village ne sont pas avertis de notre arrivée. Ils n'ont pas eu le temps de se préparer à partir. De plus, si les Juifs ne nous attendent pas sur la plage, comment savoir où ils habitent ? Comment repérer leur maison parmi toutes les autres ?"

C'est alors que j'ai une idée, une idée lumineuse !
"C'est très simple ! —Tout le monde se tourne vers moi ; je continue, pas du tout intimidé— Ce soir, c'est le sixième soir de Hanoucah.
— Et alors ? demande Oncle David.
— Comment ? Tu sais bien que ce soir les Juifs allument six bougies. Alors, chaque maison où il y a une Hanoukiah allumée est forcément une maison de Juifs. Comme ça, on pourra savoir où ils habitent."

Ils me regardent tous avec étonnement. Et je dois dire que je m'étonne moi-même. Vraiment, chapeau !

"Ça c'est une idée !" admirent les officiers. Et sur le champ, ils décident de changer de cap en direction du petit port de pêche.

Là-bas, personne ne nous attend ; le bateau accoste tout doucement. Le village est plongé dans l'obscurité. Ici et là seulement, de petites lumières scintillent aux fenêtres : les maisons des Juifs ! Joëlle et moi, nous restons à bord pour garder le bateau pendant que les marins parcourent le village, frappant à la porte de toutes les maisons illuminées en l'honneur de Hanoucah.

Une demi-heure passe... personne en vue, pas même l'ombre d'un Juif. Alors que nous commençons vraiment à désespérer, la première famille apparaît enfin : un homme, une petite valise à la main, une femme et deux enfants ; puis derrière eux, un autre couple, et encore un autre, et une foule de Juifs commence à affluer vers nous. Ils n'ont pas eu le temps de se préparer, ils n'ont même pas dit au-revoir à leurs amis : ils ont tout juste emballé quelques affaires avant de monter sur le bateau. C'est vraiment merveilleux !

En une heure, tout est terminé. Tous les Juifs du petit village marocain sont rassemblés sur le bateau. Et seules les petites lumières de Hanoucah, sur le bord des fenêtres, témoignent que des Juifs ont habité là une heure auparavant.

Le voyage doit durer quatre jours. Joëlle et moi, nous ne pouvons pas les suivre, évidemment. Nous embrassons le capitaine et tout le monde veut nous serrer la main pour nous remercier. Joëlle et moi, nous recevons chacun en cadeau une superbe djellabah marocaine toute brodée.

En rentrant à la maison à bord de Toupiastrale, j'ai eu un peu peur parce que je ne me souvenais plus si Joëlle avait laissé la fenêtre ouverte. Oui, elle était ouverte. Bravo, Joëlle !

Septième bougie

Savez-vous quel est le seul inconvénient de Hanoucah, c'est que la fête ne dure que huit jours! Aujourd'hui, c'est déjà le septième jour, et demain, ce sera la fin !

Le septième soir aussi, nous l'avons fêté dans la joie. Nous avons chanté en chœur et nous avons fait tourner notre toupie tant et plus (Au fait, je vous ai déjà dit que je sais la faire tourner à l'envers ?) Après avoir allumé les sept bougies, nous nous sommes installés pour écouter l'histoire de Papa.

Et il nous a parlé des Juifs d'Union Soviétique qui veulent aller en Israël et qui n'en ont pas le droit ; des prisonniers de Sion — les "Refuzniks" — qui refusent d'obéir aux autorités russes et moisissent dans les prisons et les camps soviétiques, uniquement parce qu'ils veulent rester Juifs.

"Et combien de "Refuzniks" y a-t-il ?
— Huit, a dit Maman.
— Beaucoup plus ! s'est écrié Grand-Père.
— Huit", a répété Maman en montrant l'horloge du doigt.

Alors, nous avons foncé vers notre chambre. La septième bougie coulait tout doucement, et elle a fini par prendre la forme étrange d'une tête d'homme coiffée d'une toque de fourrure. Joëlle s'est mise debout sur son lit et elle a crié : "Qu'un **grand miracle** soit !" et voilà Toupiastrale-VIII prête pour une nouvelle mission. Un beignétique, deux ou trois manoeuvres ... et nous voilà partis ! Destination ? Inconnue. Mais j'ai comme l'impression que, cette fois, nous allons atterrir quelque part en Russie.
L'écran de l'ordinateur nous précise : "Moscou".
Toupiastrale se pose en douceur sur une épaisse couche de neige. Nous nous glissons hors de la toupie, soigneusement dissimulée dans l'ombre. Le ciel est noir, sans étoiles. Les rues sont vides à cette heure-ci, heureusement ! En face de nous, une petite maison avec, à la fenêtre... ça alors ! on dirait une lumière... non, pas une lumière, mais deux, trois...sept petites lumières : une Hanoukiah !!
Nous frappons à la porte ; une petite fille, en larmes, vient nous ouvrir. Je me dépêche de la

rassurer : "Je m'appelle Dany et voici ma soeur Joëlle. Nous sommes Juifs, comme toi, et nous venons de très loin pour fêter Hanoucah avec toi."

"Larissa" répond la petite fille avec un drôle d'accent et elle nous fait entrer. Nous nous asseyons devant la Hanoukiah et Larissa nous explique que son père a été arrêté et qu'il est emprisonné depuis six mois parce qu'il est "Refuznik".

"Tu voudrais revoir ton père ? demande Joëlle. La fillette sourit amèrement :

— Oh ! bien sûr ! mais c'est impossible : il est si loin, en Sibérie, dans un camp de travail, avec des barbelés et des soldats partout. C'est à peine si on reçoit des lettres de là-bas, alors le voir...

— Et à quoi servent les miracles ? Viens, nous allons te montrer."

En découvrant Toupiastrale, Larissa n'en croit pas ses yeux — et ça se comprend ! Nous l'entraînons à bord et Joëlle se met aux commandes. Deux minutes après, nous survolons la Sibérie.
Toupiastrale atterrit en silence, bien cachée dans une zone d'ombre à l'intérieur d'un camp immense et sinistre. La neige toute glacée crisse sous nos pas. Nous rampons prudemment d'un barraquement à l'autre et, tout à coup, par une fenêtre toute recouverte de givre, nous apercevons un homme — l'homme de notre septième bougie ! — en train d'allumer une Hanoukiah faite de pommes de terre.

"Papa !" s'écrie Larissa en se jetant dans ses bras. Comme ils ont l'air heureux de se retrouver !! Nous en pleurons d'émotion.

Là, Joëlle et moi, nous avons un problème grave. Joëlle voudrait qu'on donne Toupiastrale à Larissa. Moi, je ne suis pas d'accord. Ce n'est pas que je ne veuille pas les aider, mais je me suis habitué à nos voyages dans le temps et l'espace. "Je voudrais bien, avec plaisir, dis-je, mais comment va-t-on rentrer à la maison ?" Mais, Joëlle a une solution toute prête : Larissa rentrera avec nous à la maison, puis elle repartira seule en Toupiastrale vers Moscou et, comme ça, elle pourra rendre visite à son père quand elle le voudra.

Larissa ne sait vraiment pas comment nous remercier. A bord de la toupie volante, nous regagnons rapidement notre chambre. Là, nous mangeons quelques beignets que Jöelle a gardés sous l'oreiller, et nous en donnons quelques-uns à Larissa comme cartes de mise en marche ; puis nous lui expliquons comment piloter Toupiastrale-VIII.
Larissa est très émue en nous quittant et ça nous fait vraiment un drôle d'effet de l'entendre prononcer avec son accent russe : "Qu'un **grrrrand mirrracle** soit !"

Toupiastrale-VIII obéit aussitôt et Larissa, la nouvelle toupinaute, se met aux commandes. Notre toupie fait deux tours dans la pièce, comme pour nous dire adieu, puis elle décolle et s'envole par la fenêtre.
Nous l'avons suivie des yeux un bref instant, puis elle a disparu tout-à-fait. ... J'ai un peu pleuré, pour la deuxième fois aujourd'hui ; puis je me suis endormi... Et cette nuit-là, j'ai revu très nettement Toupiastrale-VIII... mais en rêve seulement.

Le lendemain, Maman s'est un peu fâchée à cause de la toupie perdue : "Compliments ! Grand-Père vous offre une toupie et vous la perdez !" Fallait-il lui répondre que la toupie est désormais en mission sur la ligne Moscou-Sibérie ?

Huitième bougie

Joëlle et moi, nous ne sommes pas trop tristes, ce huitième soir de Hanoucah, car c'est le soir où il y le plus de bougies, le plus de lumières, le plus de cadeaux et le plus de beignets.

Grand-Père nous a expliqué pourquoi on fête Hanoucah huit jours et pas dix-huit comme j'aurais préféré ! (Mais ça, on le savait déjà.)
Alors, je me suis levé et j'ai dit : "Mesdames et Messieurs ! Tous les soirs, c'est vous qui avez raconté des histoires, mais ce soir, c'est notre tour." J'ai commencé :
"Il était une fois deux enfants, un frère et une soeur, qui reçurent comme cadeau... une toupie ! Et c'était une toupie merveilleuse — chaque soir, elle se métamorphosait en toupie volante et les enfants montaient dedans et ils introduisaient dans l'ordinateur un beignet...
— Un beignétique, a corrigé Joëlle.
— Exact ! Et alors, la toupie les a emmenés partout !...
— Au palais d'Antiochus, a précisé Joëlle, où ils ont sauvé des enfants qu'ils ont cachés dans une grotte. Et ils ont tous failli mourir étouffés !
— Heureusement que Mattathias est arrivé à temps !
— Et après ça, ils ont vu comment Eléazar a tué l'éléphant...
— Et ensuite, la toupie a emmené les enfants en Espagne et ils ont sauvé des Marranes.
— Et ils sont allés à Valley Forge où ils ont rencontré George Washington.
— Et au Maroc !
— Et en Sibérie !" a conclu Joëlle d'une voix triste.

Les grandes personnes se sont regardées. "Je me demande d'où nos enfants tiennent cette imagination ?" a soupiré Maman. Et Grand- Mère s'est inquiétée : "Ils ont peut-être de la fièvre ?"
Maman nous a donné une nouvelle toupie. Dans notre chambre, nous avons essayé la formule magique. Mais même en criant tous les deux, de toutes nos forces "Qu'un **grand miracle** soit !"... vingt fois de suite, la toupie est restée toupie.
Alors, nous nous sommes couchés et nous avons regardé la Hanoukiah et les huit bougies allumées qui ont pris peu à peu la forme étrange de tous les personnages que nous avons rencontrés dans nos voyages. Mais la huitième bougie, elle, est restée bougie.
Puis Joëlle a tiré de dessous le lit le coffre avec tous nos cadeaux secrets, et nous les avons

mis sur nous. Vous nous imaginez, coiffés de casques grecs d'il y a 2 500 ans, vêtus de djellabahs marocaines, avec, sur la poitrine, des médailles d'or, aux pieds, des sandales style biblique et à la main, un javelot et un arc ? On s'est mis à rire, à rire, jusqu'à ce que Maman apparaisse à la porte. “Mais que... mais qu'est-ce que c'est ?” a-t-elle bégayé “Où avez-vous trouvé tout cela ?” Je suis resté muet, mais Joëlle n'a pas perdu son sang-froid :
“Pourim ! Après Hanoucah, c'est Pourim, alors on prépare les déguisements.
— Vous avez le temps jusqu'à Pourim ! a répliqué Maman, et maintenant, au lit !”
Joëlle nous avait vraiment sauvés ! (Une fois de plus !)
Alors, nous nous sommes déshabillés de nouveau, nous nous sommes couchés dans nos lits et nous avons regardé Antiochus, Mattathias et les autres bougies et nous avons vu que la huitième bougie prenait soudain une forme connue.
“Regarde, la bougie me ressemble !
— Mais non, c'est à moi qu'elle ressemble !”
A la fin, on a décidé qu'elle nous ressemblait à tous les deux.

Et j'ai eu l'impression que si nous avions de nouveau crié “Qu'un **grand miracle** soit !” par trois fois, la toupie de Maman se serait, elle aussi, transformée en toupie volante...mais avant même d'avoir eu le temps d'essayer, nous nous sommes endormis, écrasés de fatigue.

Dommage ! Car il va falloir maintenant attendre l'année prochaine !

La Merveilleuse TOUPIE

Huit contes pour HANOUCAH

Une collection éducative et récréative sur les Fêtes Juives, comprenant films, livres et matériel associé, destinée aux enfants d'aujourd'hui et à leur famille.

COLLECTION "Les Merveilleuses FÊTES"

La Merveilleuse HAGGADAH (PESSAH) — DVD

A paraître:
La Merveilleuse MEGUILAH (POURIM)
La Merveilleuse ANNIVERSAIRE (jour de l'Indépendance ed l'Etat d'ISRAEL)
La Merveilleuse ANNEE (ROCH HACHANAH) — Livre et calendrier

La Merveilleuse TOUPIE

Huit contes pour HANOUCAH

Nous sommes reconnaissants à la Fondation GESHER
pour sa contribution à ce proget.